内蒙古自治区地方标准

公路半刚性基层全厚度现场拌和设计施工技术规范

DB 15/T 1956—2020

主编单位：鄂尔多斯市路泰公路工程有限责任公司
长安大学
内蒙古大学
鄂尔多斯市交通建设工程质量监督局
达拉特旗交通运输局

批准部门：内蒙古自治区市场监督管理局
实施日期：2020年09月28日

人民交通出版社股份有限公司
北京

图书在版编目(CIP)数据

公路半刚性基层全厚度现场拌和设计施工技术规范/鄂尔多斯市路泰公路工程有限责任公司等组织编写. —北京:人民交通出版社股份有限公司,2021.6

ISBN 978-7-114-17186-4

Ⅰ.①公… Ⅱ.①鄂… Ⅲ.①半刚性基层—路面设计—技术规范②半刚性基层—道路施工—技术规范 Ⅳ.①U416.223-65

中国版本图书馆 CIP 数据核字(2021)第 057479 号

内蒙古自治区地方标准

Gonglu Bangangxing Jiceng Quanhoudu Xianchang Banhuo Sheji Shigong Jishu Guifan

书　　名:**公路半刚性基层全厚度现场拌和设计施工技术规范**

主编单位:鄂尔多斯市路泰公路工程有限责任公司

长安大学

内蒙古大学

鄂尔多斯市交通建设工程质量监督局

达拉特旗交通运输局

责任编辑:王　丹

责任校对:席少楠

责任印制:张　凯

出版发行:人民交通出版社股份有限公司

地　　址:(100011)北京市朝阳区安定门外外馆斜街 3 号

网　　址:http://www.ccpcl.com.cn

销售电话:(010)59757973

总 经 销:人民交通出版社股份有限公司发行部

经　　销:各地新华书店

印　　刷:北京鑫正大印刷有限公司

开　　本:880×1230　1/16

印　　张:2.25

字　　数:55 千

版　　次:2021 年 6 月　第 1 版

印　　次:2021 年 7 月　第 2 次印刷

书　　号:ISBN 978-7-114-17186-4

定　　价:60.00 元

(有印刷、装订质量问题的图书,由本公司负责调换)

目　次

前言 …… Ⅲ
1　范围 …… 1
2　规范性引用文件 …… 1
3　术语和定义 …… 1
4　基本规定 …… 2
5　原材料要求 …… 2
5.1　一般规定 …… 2
5.2　水泥及添加剂 …… 2
5.3　石灰 …… 2
5.4　粉煤灰 …… 3
5.5　水 …… 3
5.6　集料 …… 3
6　混合料材料组成设计 …… 4
6.1　一般规定 …… 4
6.2　强度要求 …… 5
6.3　强度试验及计算 …… 6
6.4　无机结合料的计算和比例 …… 7
6.5　混合料级配及技术要求 …… 8
6.6　无机结合料稳定材料目标配合比设计技术要求 …… 10
6.7　无机结合料稳定材料施工配合比设计及试验段技术要求 …… 11
7　机械设备 …… 12
7.1　机械设备配置 …… 12
7.2　机械性能要求 …… 13
8　施工 …… 14
8.1　一般规定 …… 14
8.2　施工准备 …… 14
8.3　布料整平 …… 15
8.4　现场拌和 …… 15
8.5　混合料整平 …… 17
8.6　压实 …… 17
8.7　接缝处理 …… 18
8.8　养生、交通管制 …… 18
9　施工质量检验与控制 …… 18
9.1　一般规定 …… 18
9.2　施工过程检测 …… 18
9.3　结构层芯样完整性检测 …… 19
9.4　稳定粒料基层和底基层分项工程质量检验控制 …… 20
9.5　稳定土基层和底基层分项工程质量检验控制 …… 20
附录A（资料性）　半刚性基层、底基层全厚度现场拌和施工流程 …… 22
附录B（资料性）　配合比设计流程图 …… 23

附录 C（规范性） 铣拌设备标定 …… 24
附录 D（规范性） 干粉撒布车标定 …… 26
附录 E（规范性） 集料掺配机标定 …… 27
附录 F（规范性） 集料撒布设备标定 …… 28

前　言

本标准按照 GB/T 1.1—2009 给出的规则起草。

本标准由内蒙古自治区交通运输厅提出。

本标准由内蒙古自治区交通运输厅归口。

本标准起草单位：鄂尔多斯市路泰公路工程有限责任公司、长安大学、内蒙古大学、鄂尔多斯市交通建设工程质量监督局、达拉特旗交通运输局。

本标准主要起草人：高仲、罗志宝、郝培文、张宏、田小、王振华、常培荣、高飞翔、杜雅丽、呼慧、牛建平、王永生、党志龙、祁鑫、肖国春、白晓军、李建军、张强、宗晓钢、张勇、李治国、刘晓琴、姚文斌、梁继锁、张治宇、姜永刚、曹振优、张志彪、高飞林。

公路半刚性基层全厚度现场拌和设计施工技术规范

1 范围

本文件规定了公路半刚性基层全厚度现场拌和设计施工的术语和定义、原材料、混合料材料组成设计、机械设备、施工工艺、质量检验等要求。

本文件适用于二级及二级以下公路的新建或改扩建半刚性基层、底基层施工,其他等级公路参照执行。

2 规范性引用文件

下列文件中的内容通过文中的规范性引用而构成本文件必不可少的条款。其中,注日期的引用文件,仅该日期对应的版本适用于本文件;不注日期的引用文件,其最新版本(包括所有的修改单)适用于本文件。

GB 175 通用硅酸盐水泥

GB/T 35162 道路基层用缓凝硅酸盐水泥

JTG 3450 公路路基路面现场测试规程

JTG B01 公路工程技术标准

JTG D40 公路水泥混凝土路面设计规范

JTG D50 公路沥青路面设计规范

JTG E40 公路土工试验规程

JTG E42 公路工程集料试验规程

JTG E51 公路工程无机结合料稳定材料试验规程

JTG/T F20—2015 公路路面基层施工技术细则

JTG/T F30 公路水泥混凝土路面施工技术细则

JTG F80/1—2017 公路工程质量检验评定标准 第一册 土建工程

3 术语和定义

下列术语和定义适用于本文件。

3.1

铣拌 milling planer mixing

铣刨拌和的简称,将物料铣削回收到搅拌仓内,按配合比添加水、添加剂、结合料进行拌和,铣拌鼓旋转一圈,完成铣削、回收、拌和、摊铺一个周期的过程。

3.2

全厚度现场铣拌 full thickness site mixing

铣拌设备在最佳含水率下将相同配比的集料及结合料以 15 cm ~ 40 cm 的厚度一层一次性现场铣拌。

3.3

蟹行转向　crab turn

行走设备在转向工况下,前后轮同向转动且偏转角相同时,车辆处于蟹行状态,即蟹行转向。

4　基本规定

4.1　施工前应建立健全工程质量保证体系,明确质量责任,加强各工序质量控制与管理,保证工程质量。

4.2　施工前应建立健全安全生产管理体系,明确安全责任,制订合理的交通疏导方案和安全措施,严格执行安全操作规程。

4.3　设计施工过程中应注重节约用地,降低能源和材料消耗,保护环境。

4.4　混合料材料组成设计应按强度要求,选择技术经济合理的混合料类型和配合比,使其具有良好的抗裂性、抗冲刷性和抗离析性。

4.5　新建公路半刚性基层施工前应进行材料调查,合理选择集料掺配或撒布方式;改扩建公路半刚性基层施工,当原路路基整体稳定,路面结构强度良好或下承层回弹模量满足设计要求时,可采用本工艺施工,施工流程参见附录 A。

4.6　半刚性基层、底基层施工时,下承层应完好,并满足所处结构层的强度要求。

4.7　铣拌设备应具备蟹行转向功能,无转弯半径盲区,可精确控制铣拌深度。铣拌仓容积、转子转速可调,保证铣拌均匀性。

4.8　施工过程中应加强混合料的均匀性检测。

5　原材料要求

5.1　一般规定

5.1.1　半刚性基层、底基层全厚度现场拌和使用的原材料及铣刨回收料应检验合格后方可使用,技术指标应符合 JTG/T F20 的要求。

5.1.2　工业废渣作为半刚性基层、底基层材料使用时,技术指标应满足 JTG/T F20—2015 的规定。

5.2　水泥及添加剂

5.2.1　水泥应选用强度等级为 22.5、32.5、42.5 的通用硅酸盐类水泥或缓凝硅酸盐类水泥,技术指标应满足 GB 175、GB/T 35162 的要求,不得使用快硬、早强或受潮变质的水泥。

5.2.2　不同品种的水泥不得混合使用,如需更换水泥,应提前进行相关试验检测。采用粉料撒布车撒布或水泥稀浆车泵送时,不同厂家、不同品牌、不同批次水泥应分仓罐储存,并在清仓或清罐后再灌装。

5.2.3　水泥初凝时间应大于 3 h;终凝时间应大于 6 h,且应小于 12 h。

5.2.4　在水泥稳定材料中掺加缓凝剂或早强剂时,应对混合料进行试验验证。缓凝剂和早强剂的技术要求应符合 JTG/T F30 的规定。

5.3　石灰

5.3.1　石灰技术要求应符合表 1 和表 2 的规定。

表 1　生石灰技术要求

指　标	钙质生石灰			镁质生石灰			试验方法
	Ⅰ	Ⅱ	Ⅲ	Ⅰ	Ⅱ	Ⅲ	
有效氧化钙加氧化镁含量(%)	≥85	≥80	≥70	≥80	≥75	≥65	T 0813
未消化残渣含量(%)	≤7	≤11	≤17	≤10	≤14	≤20	T 0815
钙镁石灰的分类界限,氧化镁含量(%)	≤5			>5			T 0812
注:资料来源于 JTG/T F20—2015。							

表 2　消石灰技术要求

指　标		钙质消石灰			镁质消石灰			试验方法
		Ⅰ	Ⅱ	Ⅲ	Ⅰ	Ⅱ	Ⅲ	
有效氧化钙加氧化镁含量(%)		≥65	≥60	≥55	≥60	≥55	≥50	T 0813
含水率(%)		≤4	≤4	≤4	≤4	≤4	≤4	T 0801
细度	0.60 mm 方孔筛的筛余(%)	0	≤1	≤1	0	≤1	≤1	T 0814
	0.15 mm 方孔筛的筛余(%)	≤13	≤20	—	≤13	≤20	—	T 0814
钙镁石灰的分类界限,氧化镁含量(%)		≤4			>4			T 0812
注:资料来源于 JTG/T F20—2015。								

5.3.2　半刚性基层、底基层用石灰应不低于Ⅲ级技术要求。

5.3.3　基层应采用磨细消石灰。

5.4　粉煤灰

5.4.1　干排或湿排的硅铝粉煤灰和高钙粉煤灰等均可用作半刚性基层、底基层的结合料。粉煤灰技术要求应符合表 3 的规定。

表 3　粉煤灰技术要求

检 测 项 目	技 术 要 求	试 验 方 法
SiO_2 Al_2O_3 和 Fe_2O_3 总含量(%)	>70	T 0816
烧失量(%)	≤20	T 0817
比表面积(cm^2/g)	>2500	T 0820
0.3 mm 筛孔通过率(%)	≥90	T 0818
0.075 mm 筛孔通过率(%)	≥70	T 0818
湿粉煤灰含水率(%)	≤35	T 0801
注:资料来源于 JTG/T F20—2015。		

5.4.2　二级及二级以下公路底基层、基层使用的粉煤灰,通过率指标不满足表 3 要求时,应进行混合料强度试验,达到设计及本文件 6.2 要求的强度指标时,方可使用。

5.5　水

凡是饮用水(含牲畜饮用水)均可直接作为基层材料的拌和、养生使用,遇到可疑水源,应进行水质检验,其技术指标应符合 JTG/T F20—2015 的规定。

5.6　集料

5.6.1　集料可直接采用符合级配要求的天然砂砾、砾石、结构层铣刨回收材料,也可采用加工破碎的硬质岩石或砾石。

5.6.2 煤矸石、煤渣、高炉矿渣、钢渣及其他冶金矿渣等工业废渣可用于修筑半刚性基层、底基层,使用前应崩解稳定,通过不同龄期条件下的强度和模量试验及温度收缩和干缩试验等检验评价混合料性能,技术指标应符合 JTG/T F20—2015 的规定。

5.6.3 粗集料的压碎值、针片状颗粒含量、0.075 mm 以下粉尘含量、软石含量等技术指标应符合 JTG/T F20—2015 的规定。

5.6.4 细集料应洁净、干燥、无风化、无杂质,并有适当的颗粒级配,可采用天然砂、砂砾、石屑、机制砂等。

5.6.5 细集料技术指标应符合表 4 的规定。

表 4 细集料技术指标

项 目	水泥稳定	石灰稳定	石灰粉煤灰综合稳定	水泥粉煤灰综合稳定	试验方法
颗粒级配	满足级配要求				T 0327
小于 0.075 mm 颗粒塑性指数	≤17	15 ~ 20	12 ~ 20	—	T 0118
有机质含量(%)	<2	≤10	≤10	<2	T 0336
硫酸盐含量(%)	≤0.25	≤0.8	—	≤0.25	T 0341
注:资料来源于 JTG/T F20—2015。					

5.6.6 细集料规格要求应符合表 5 的规定。

表 5 细集料规格要求

规格名称	工程粒径(mm)	通过下列筛孔(mm)的质量百分率(%)								公称粒径(mm)
		9.5	4.75	2.36	1.18	0.6	0.3	0.15	0.075	
XG1	3 ~ 5	100	90 ~ 100	0 ~ 15	0 ~ 5	—	—	—	—	2.36 ~ 4.75
XG2	0 ~ 3	—	100	90 ~ 100	—	—	—	—	0 ~ 15	0 ~ 2.36
XG3	0 ~ 5	100	90 ~ 100	—	—	—	—	—	0 ~ 20	0 ~ 4.75
注:资料来源于 JTG/T F20—2015。										

6 混合料材料组成设计

6.1 一般规定

6.1.1 无机结合料稳定材料组成设计包括原材料检验、混合料的目标配合比设计、混合料的施工配合比设计和施工参数确定四部分。配合比设计流程图参见附录 B。

6.1.2 原材料的检验应包括结合料、被稳定材料及其他相关材料的试验。所有检验指标应满足设计及 JTG/T F20—2015 的要求。

6.1.3 改扩建工程利用部分路面材料进行半刚性基层施工时,旧路面不同结构路段、不同强度路段应独立进行结构设计和混合料组成设计。

6.1.4 目标配合比设计应包括下列内容:

a) 选择级配范围;

b) 确定结合料类型及集料掺配比例;

c) 选择不同结合料剂量验证混合料相关的设计及施工技术指标;

d) 选择 7 d 龄期无侧限抗压强度代表值满足设计强度要求的结合料剂量。

6.1.5 施工配合比设计应包括下列内容：

a) 确定集料掺配方式，采用现场分层撒布或在料场采用级配机掺配；

b) 确定结合料添加方式，采用粉料撒布车撒布或水泥稀浆车泵送；

c) 撒布集料，不掺加结合料进行现场铣拌，取样筛析，与铣拌前集料筛析结果对比，检验铣拌设备铣拌时对集料的破碎情况，确定施工配合比集料掺配比例；

d) 确定结合料剂量的标定曲线及施工中结合料剂量；

e) 验证并确定混合料的最大干密度、最佳含水率；

f) 验证混合料无侧限抗压强度，水泥稳定类材料应确定延迟时间。

6.1.6 确定无机结合料稳定材料最大干密度、最佳含水率指标时应采用重型击实方法。

6.1.7 应根据当地材料的特点、旧路材料特点和混合料设计要求，通过配合比设计确定工程级配。

6.1.8 施工过程中，材料品质、规格、生产厂家发生变化时，应重新进行材料组成设计。

6.2 强度要求

6.2.1 无机结合料稳定材料强度应满足设计及表6～表9规定的强度要求。

6.2.2 采用7d龄期无侧限抗压强度作为无机结合料稳定材料施工质量控制指标。

6.2.3 水泥稳定材料的7 d龄期无侧限抗压强度标准值 R_d 应符合表6的规定。

表6 水泥稳定材料的7 d龄期无侧限抗压强度标准值 R_d(单位为兆帕)

结构层	公路等级	重交通	中、轻交通
基层	二级及二级以下公路	3.0～5.0	2.0～4.0
底基层	二级及二级以下公路	2.0～4.0	1.0～3.0
无侧限抗压强度试件应按设计文件或本文件9.4、9.5规定的压实度采用静压法成型			
注：资料来源于JTG/T F20—2015。			

6.2.4 水泥稳定类材料强度要求较高时，应采取控制原材料技术指标和优化级配设计等措施，不应单纯通过增加水泥剂量来提高混合料强度。

6.2.5 石灰粉煤灰稳定材料的7 d龄期无侧限抗压强度标准值 R_d 应符合表7的规定，其他工业废渣稳定材料应按照此标准执行。

表7 石灰粉煤灰稳定材料的7 d龄期无侧限抗压强度标准值 R_d(单位为兆帕)

结构层	公路等级	重交通	中、轻交通
基层	二级及二级以下公路	≥0.8	≥0.7
底基层	二级及二级以下公路	≥0.6	≥0.5
无侧限抗压强度试件应按设计文件或本文件9.4、9.5规定的压实度采用静压法成型			
注：资料来源于JTG/T F20—2015。			

6.2.6 水泥粉煤灰稳定材料的7 d龄期无侧限抗压强度标准值 R_d 应符合表8的规定。

表8 水泥粉煤灰稳定材料的7 d龄期无侧限抗压强度标准值 R_d(单位为兆帕)

结构层	公路等级	重交通	中、轻交通
基层	二级及二级以下公路	3.0～4.0	2.5～3.5
底基层	二级及二级以下公路	1.5～2.5	1.0～2.0
无侧限抗压强度试件应按设计文件或本文件9.4、9.5规定的压实度采用静压法成型			
注：资料来源于JTG/T F20—2015。			

6.2.7 石灰稳定材料的7 d龄期无侧限抗压强度标准值 R_d 应符合表9的规定。

表 9　石灰稳定材料的 7 d 龄期无侧限抗压强度标准值 R_d(单位为兆帕)

结构层	二级及二级以下公路
基层	≥0.8[a]
底基层	0.5～0.7[b]
无侧限抗压强度试件应按设计文件或本文件 9.4、9.5 规定的压实度采用静压法成型，石灰土强度达不到规定的抗压强度标准时，可添加部分水泥，或改用另一种土。塑性指数过小的土不宜用石灰稳定，宜改为水泥稳定	

注：资料来源于 JTG/T F20—2015。

[a] 在低塑性材料(塑性指数小于 7)地区，石灰稳定砾石土或碎石土的 7 d 龄期无侧限抗压强度应大于 0.5 MPa (100 g平衡锥测液限)。

[b] 低限用于塑性指数小于 7 的黏性土，且低限值宜仅用于二级以下公路；高限用于塑性指数大于 7 的黏性土。

6.2.8　石灰稳定砾石土或碎石土材料可仅对其中公称最大粒径小于 4.75 mm 的石灰土进行 7 d 龄期无侧限抗压强度验证，且无侧限抗压强度应不小于 0.8 MPa。

6.3　强度试验及计算

6.3.1　强度试验时，应按设计压实度标准采用静压法成型试件。

6.3.2　按 JTG E51 要求成型直径与高度比为 1∶1 的圆柱体试件，无机结合料稳定细粒材料的试件直径应为 100 mm，无机结合料稳定中、粗粒材料的试件直径应为 150 mm。

6.3.3　强度试验时，平行试验的最少试件数量应符合表 10 的规定。试验结果的变异系数大于表中规定值时，应重新试验或增加试件数量。

表 10　最少试件数量

材料类型	变异系数要求		
	≤6%	≤10%	≤15%
细粒材料[a]	6	9	—
中粒材料[b]	—	9	13
粗粒材料[c]	—	—	13

[a] 公称最大粒径小于 16 mm 的材料。

[b] 公称最大粒径不小于 16 mm，且小于 26.5 mm 的材料。

[c] 公称最大粒径不小于 26.5 mm 的材料。

6.3.4　根据试验结果，应按式(1)计算不同结合料剂量的无侧限抗压强度代表值。

$$R_d^0 = \overline{R} \cdot (1 - Z_\alpha \cdot C_v) \tag{1}$$

式中：

R_d^0——无侧限抗压强度代表值(MPa)；

$\overline{R}$——该组试验的强度平均值(MPa)；

Z_α——标准正态分布表中随保证率或置信度 α 而变的系数，二级及二级以下公路应取保证率为 90%，即 $Z_\alpha = 1.282$；

C_v——该组试件的变异系数(以小数或百分数计)。

6.3.5　强度试验数据处理时，同一组试件中采用 3 倍标准差方法剔除异常值，小试件可以有 1 个异常值，中试件 1～2 个异常值，大试件 2～3 个异常值。异常值超过上述规定的应重新试验。

6.3.6　强度代表值 R_d^0 应不小于强度标准值 R_d，如式(2)所示。当 $R_d^0 < R_d$ 时，应重新进行配合比试验。

$$R_d^0 \geqslant R_d \tag{2}$$

式中：

R_d^0——无侧限抗压强度代表值(MPa)；

R_d——无侧限抗压强度标准值(MPa)。

6.4 无机结合料的计算和比例

6.4.1 水泥稳定材料的水泥剂量应以水泥质量占全部干燥被稳定材料质量的百分率表示。

6.4.2 石灰稳定材料的石灰剂量应以石灰质量占全部干燥被稳定材料质量的百分率表示。

6.4.3 石灰工业废渣混合料应采用质量配合比计算，以石灰∶工业废渣∶被稳定材料的质量比表示。

6.4.4 石灰粉煤灰稳定材料和石灰煤渣稳定材料比例采用表11中的推荐值。

表11 石灰粉煤灰稳定材料和石灰煤渣稳定材料推荐比例

材料类型	材料名称	使用层位	结合料间比例	结合料与被稳定材料间比例
石灰粉煤灰	硅铝粉煤灰的石灰粉煤灰类[a]	基层或底基层	石灰∶粉煤灰＝1∶2～1∶9	—
	石灰粉煤灰土	基层或底基层	石灰∶粉煤灰＝1∶2～1∶4[b]	石灰粉煤灰∶细粒材料＝30∶70[c]～10∶90
	石灰粉煤灰稳定级配碎石或砾石	基层	石灰∶粉煤灰＝1∶2～1∶4	石灰粉煤灰∶被稳定材料＝20∶80～15∶85[d]
石灰煤渣	石灰煤渣稳定材料	基层或底基层	石灰∶煤渣＝20∶80～15∶85	—
	石灰煤渣土	基层或底基层	石灰∶煤渣＝1∶1～1∶4	石灰煤渣∶细粒材料＝1∶1～1∶4[e]
	石灰煤渣稳定材料	基层或底基层	石灰∶煤渣∶被稳定材料＝(7～9)∶(26～33)∶(67～58)	

注：资料来源于JTG/T F20—2015。

[a] CaO含量为2%～6%的硅铝粉煤灰。

[b] 粉土以1∶2为宜。

[c] 采用此比例时，石灰与粉煤灰之比宜为1∶2～1∶3。

[d] 石灰粉煤灰与粒料之比为15∶85～20∶80时，在混合料中，粒料形成骨架，石灰粉煤灰起填充孔隙和胶结作用。这种混合料称骨架密实式石灰粉煤灰粒料。

[e] 混合料中石灰应不少于10%，可通过试验选取强度较高的配合比。

6.4.5 水泥粉煤灰稳定材料应采用质量配合比计算，以水泥∶粉煤灰∶被稳定材料的质量比表示。

6.4.6 水泥粉煤灰稳定材料和水泥煤渣稳定材料比例可采用表12中的推荐值。

表12 水泥粉煤灰稳定材料和水泥煤渣稳定材料推荐比例

材料类型	材料名称	使用层位	结合料间比例	结合料与被稳定材料间比例
石灰粉煤灰	硅铝粉煤灰的水泥粉煤灰类[a]	基层或底基层	水泥∶粉煤灰＝1∶3～1∶9	—
	水泥粉煤灰土	基层或底基层	水泥∶粉煤灰＝1∶3～1∶5	石灰粉煤灰∶细粒材料＝30∶70[b]～10∶90
	水泥粉煤灰稳定级配碎石或砾石	基层	水泥∶粉煤灰＝1∶3～1∶5	石灰粉煤灰∶被稳定材料＝20∶80～15∶85[c]

表 12(续)

材料类型	材料名称	使用层位	结合料间比例	结合料与被稳定材料间比例
水泥煤渣	水泥煤渣稳定材料	基层或底基层	水泥:煤渣 = 5:95 ~ 15:85	—
	水泥煤渣土	基层或底基层	水泥:煤渣 = 1:2 ~ 1:5	石灰煤渣:细粒材料 = 1:2 ~ 1:5[d]
	水泥煤渣稳定材料	基层或底基层	水泥:煤渣:被稳定材料 = (3 ~ 5):(26 ~ 33):(71 ~ 62)	
注:资料来源于 JTG/T F20—2015。 [a] CaO 含量为 2% ~ 6% 的硅铝粉煤灰。 [b] 采用此比例时,水泥与粉煤灰之比宜为 1:2 ~ 1:3。 [c] 水泥粉煤灰与粒料之比为 15:85 ~ 20:80 时,在混合料中,粒料形成骨架,水泥粉煤灰起填充孔隙和胶结作用。 [d] 混合料中水泥应不少于 4%,可通过试验选取强度较高的配合比。				

6.4.7 水泥、石灰综合稳定时,水泥用量占结合料总量不小于 30% 时,应按水泥稳定材料的技术要求进行组成设计,水泥和石灰的比例应取 60:40、50:50 或 40:60。水泥用量占结合料总量小于 30% 时,应按石灰稳定材料设计。

6.5 混合料级配及技术要求

6.5.1 采用水泥稳定时,被稳定材料的液限应不大于 40%,塑性指数应不大于 17。塑性指数大于 17 时,应采用石灰稳定或用水泥和石灰综合稳定。

6.5.2 采用水泥稳定时,被稳定材料中含有一定量的碎石或砾石,且小于 0.6 mm 的颗粒含量在 30% 以下时,塑性指数可大于 17,且土的均匀系数应大于 5。其级配可采用表 13 中推荐的级配范围,并应符合下列规定:

a) 用于二级公路基层时,级配应符合表 13 中 C-A-1 的规定,被稳定材料中不应含有黏性土或粉性土;

b) 用于二级以下公路基层时,级配应符合表 13 中 C-A-3 的规定,被稳定材料的公称最大粒径应不大于 37.5 mm;

c) 用于底基层时,级配应符合表 13 中 C-A-4 的规定,被稳定材料的公称最大粒径应不大于 37.5 mm。

表 13 水泥稳定材料的推荐级配范围

筛孔尺寸(mm)	二级公路的基层通过质量百分率(%)	二级以下公路的基层通过质量百分率(%)	二级及二级以下公路的底基层通过质量百分率(%)
	C-A-1	C-A-3	C-A-4
53	—	100	100
37.5	100	90 ~ 100	—
31.5	90 ~ 100	—	—
26.5	—	66 ~ 100	—
19	67 ~ 90	54 ~ 100	—
9.5	45 ~ 68	39 ~ 100	—
4.75	29 ~ 50	28 ~ 84	50 ~ 100
2.36	18 ~ 38	20 ~ 70	—
1.18	—	14 ~ 57	—
0.6	8 ~ 22	8 ~ 47	17 ~ 100
0.075	0 ~ 7	0 ~ 30	0 ~ 50
表中水泥稳定材料不包括水泥稳定级配碎石或砾石			
注:资料来源于 JTG/T F20—2015。			

6.5.3 采用水泥稳定,被稳定材料为粒径较均匀的砂时,应在砂中添加适量塑性指数小于 10 的黏性

土、石灰或粉煤灰,加入比例应通过试验确定。添加粉煤灰的比例应为20% ~40%。

6.5.4 水泥稳定级配碎石或砾石的级配可采用表14中推荐的级配范围,并应符合下列规定:

a) 级配应符合表14中C-C-1、C-C-2、C-C-3的规定。C-C-1级配用于基层和底基层,C-C-2和C-C-3级配用于基层;

b) 被稳定材料的液限应不大于28%;

c) 被稳定材料的塑性指数应不大于7。

表14 水泥稳定级配碎石或砾石的推荐级配范围

筛孔尺寸(mm)	二级及二级以下公路通过质量百分率(%)		
	C-C-1	C-C-2	C-C-3
37.5	100	—	—
31.5	100 ~90	100	—
26.5	94 ~81	100 ~90	100
19	83 ~67	87 ~73	100 ~90
16	78 ~61	82 ~65	92 –79
13.2	73 ~54	75 ~58	83 ~67
9.5	64 ~45	66 ~47	71 ~52
4.75	50 ~30	50 ~30	50 ~30
2.36	36 ~19	36 ~19	36 ~19
1.18	26 ~12	26 ~12	26 ~12
0.6	19 ~8	19 ~8	19 ~8
0.3	14 ~5	14 ~5	14 ~5
0.15	10 ~3	10 ~3	10 ~3
0.075	7 ~2	7 ~2	7 ~2
注:资料来源于JTG/T F20—2015。			

6.5.5 石灰粉煤灰稳定材料可采用表15中推荐的级配范围,并应符合下列规定:

a) 用于基层时,被稳定材料的公称最大粒径应不大于31.5 mm,其总质量应不小于80%,并符合表15中LF-B-2S和LF-B-2L的规定;

b) 用于底基层时,各档被稳定材料总质量应不小于70%,并符合表15中LF-B-1S和LF-B-1L的规定。

表15 石灰粉煤灰稳定级配碎石或砾石的推荐级配范围

筛孔尺寸(mm)	二级及二级以下公路通过质量百分率(%)			
	稳定碎石		稳定砾石	
	LF-B-1S	LF-B-2S	LF-B-1L	LF-B-2L
37.5	100	—	100	—
31.5	100 ~90	100	100 ~90	100
26.5	94 ~81	100 ~90	95 ~84	100 ~90
19	83 ~67	87 ~73	87 ~72	91 ~77
16	78 ~61	82 ~65	83 ~67	86 ~71
13.2	73 ~54	75 ~58	79 ~62	81 ~65
9.5	64 ~45	66 ~47	72 ~54	74 ~55
4.75	50 ~30	50 ~30	60 ~40	60 ~40

表 15(续)

筛孔尺寸(mm)	二级及二级以下公路通过质量百分率(%)			
	稳定碎石		稳定砾石	
	LF-B-1S	LF-B-2S	LF-B-1L	LF-B-2L
2.36	36~19	36~19	44~24	44~24
1.18	26~12	26~12	33~15	33~15
0.6	19~8	19~8	25~9	25~9
0.3	—	—	—	—
0.15	—	—	—	—
0.075	7~2	7~2	10~2	10~2
注:资料来源于 JTG/T F20—2015。				

6.5.6 水泥粉煤灰稳定材料可采用表 16 中推荐的级配范围,并应符合下列规定:

a) 用于基层时,被稳定材料的公称最大粒径应不大于 31.5 mm,其总质量不小于 80%,级配符合表 16 中 CF-B-2S 和 CF-B-2L 的规定;

b) 用于底基层时,各档被稳定材料总质量应不小于 75%,级配符合表 16 中 CF-B-1S 和 CF-B-1L 的规定。

表 16 水泥粉煤灰稳定级配碎石或砾石的推荐级配范围

筛孔尺寸(mm)	二级及二级以下公路通过质量百分率(%)			
	稳定碎石		稳定砾石	
	CF-B-1S	CF-B-2S	CF-B-1L	CF-B-2L
37.5	100	—	100	—
31.5	100~90	100	100~90	100
16	75~57	79~62	78~61	82~65
13.2	69~50	72~54	73~54	75~58
9.5	60~40	62~42	64~45	66~47
4.75	45~25	45~25	50~30	50~30
2.36	31~16	31~16	36~19	36~19
1.18	22~11	22~11	26~12	26~12
0.6	15~7	15~7	19~8	19~8
0.3	—	—	—	—
0.15	—	—	—	—
0.075	5~2	5~2	7~2	7~2
注:资料来源于 JTG/T F20—2015。				

6.6 无机结合料稳定材料目标配合比设计技术要求

6.6.1 根据当地材料的特点、设计文件要求,通过原材料性能的试验评定,确定适宜的结合料类型。

6.6.2 在目标配合比设计中,应选择不少于 5 个结合料剂量,分别确定各剂量条件下混合料的最大干密度和最佳含水率。

6.6.3 应根据试验确定的最大干密度、最佳含水率及压实度要求成型标准试件,验证不同结合料剂量条件下混合料的技术性能,确定满足设计要求的最佳剂量。

6.6.4 水泥稳定材料配合比试验推荐水泥试验剂量可采用表 17 中的推荐值。

表 17　水泥稳定材料配合比试验推荐水泥试验剂量表

被稳定材料	条　件		推荐试验剂量(%)
有级配的碎石或砾石	基层	$R_d \geq 5.0$ MPa	4、5、6、7、8
		$R_d < 5.0$ MPa	3、4、5、6、7
土、砂、石屑等		塑性指数<12	5、7、9、11、13
		塑性指数≥12	8、10、12、14、16
有级配的碎石或砾石	底基层	—	3、4、5、6、7
土、砂、石屑等		塑性指数<12	4、5、6、7、8
		塑性指数≥12	6、8、10、12、14
注：资料来源于 JTG/T F20—2015。			

6.6.5　对水泥稳定材料，水泥的最小剂量应符合表 18 的规定。材料组成设计所得水泥剂量少于表 18 中的最小剂量时，应按表 18 采用最小剂量。

表 18　水泥最小剂量表

被稳定材料类型	最小水泥剂量(%)
中、粗粒材料	3
细粒材料	4

6.6.6　对石灰粉煤灰稳定材料和水泥粉煤灰稳定材料，应分别按表 11 和表 12 的推荐比例进行试验。

6.6.7　对无机结合料稳定级配碎石或砾石材料，应根据当地材料特点和技术要求，优化设计混合料级配，确定目标级配曲线。

6.6.8　应按下列步骤合成目标级配曲线并进行性能验证：

a)　按确定的目标级配，根据各档材料的平均筛分曲线，确定其使用比例，得到混合料的合成级配；

b)　根据合成级配进行混合料重型击实试验和 7 d 龄期无侧限抗压强度试验，验证混合料性能。

6.6.9　对于水泥稳定类材料，在满足强度要求的前提下，应取较低的结合料剂量，以减少反射裂缝，但最小结合料剂量应符合 JTG/T F20—2015 及表 18 的要求。

6.6.10　对于水泥稳定类材料、水泥粉煤灰稳定类材料，应分别进行不同成型条件下的混合料强度试验，绘制相应的延迟时间曲线，确定允许延迟时间。

6.6.11　目标配合比设计报告中应包括：原材料检测结果、设计级配范围及级配曲线、最大干密度和最佳含水率、结合料剂量、结合料剂量标准曲线、7 d 龄期无侧限抗压强度、强度变异系数、最大干密度的确定方法和试件成型方法等内容。

6.7　无机结合料稳定材料施工配合比设计及试验段技术要求

6.7.1　确定集料掺配方式

6.7.1.1　根据目标配合比集料档数及掺配比例确定集料掺配方式，不大于 3 档时分层布料，大于 3 档时应在料场采用集料掺配机掺配后布料。

6.7.1.2　采用自卸车配合集料撒布设备或平地机按各档材料的目标配合比、最大干密度、稳定材料层宽度、松铺厚度进行现场布料。

6.7.2　确定施工配合比集料掺配比例

6.7.2.1　对干集料进行铣拌，确定强制铣拌时对大于 9.5 mm 集料的破碎率，修正施工配合比。

6.7.2.2　按式(3)计算集料掺配比例修正值。

$$C = P_{b9.5} - P_{a9.5} \quad (3)$$

式中：

C——修正值；

$P_{b9.5}$——铣拌后 9.5 mm 筛孔质量通过百分率(%)；

$P_{a9.5}$——铣拌前 9.5 mm 筛孔质量通过百分率(%)。

6.7.2.3 根据修正值确定施工配合比集料掺配比例,或根据集料压碎值参考表 19 选取修正值,按式(4)、式(5)确定施工配合比集料掺配比例。

$$n_{生产>9.5} = n_{目标>9.5} + C \quad (4)$$

式中：

$n_{生产>9.5}$——修正后施工级配中大于 9.5 mm 颗粒的掺配比例；

$n_{目标>9.5}$——目标配合比级配中大于 9.5 mm 颗粒掺配比例；

C——修正值。

$$n_{生产4.75\sim9.5} = n_{目标4.75\sim9.5} - C \quad (5)$$

式中：

$n_{生产4.75\sim9.5}$——修正后施工级配中 4.75 mm ~ 9.5 mm 颗粒掺配比例；

$n_{目标4.75\sim9.5}$——目标配合比级配中 4.75 mm ~ 9.5 mm 颗粒掺配比例；

C——修正值。

表 19 混合料铣拌时不同集料压碎值对大于 9.5 mm 颗粒的掺配比例修正值

序号	1	2	3	4	5	6	7	8	9
集料压碎值(%)	8 ~ 10	11 ~ 13	14 ~ 16	17 ~ 19	20 ~ 22	23 ~ 25	26 ~ 28	29 ~ 31	32 ~ 34
修正值(%)	0.2	0.3	0.4	0.5	0.7	1.0	1.4	2.1	2.9
不同材质修正值有变异,引用时通不少于 10 组筛分试验平均值确定修正值									
注:此修正值为经验数值。									

6.7.3 确定施工配合比

按目标配合比确定的结合料剂量增减 0% ~ 0.5%,添加结合料、水进行分段铣拌。取混合料进行结合料剂量、击实、含水率、无侧限抗压强度试验,确定施工配合比。

6.7.4 验证施工配合比

在确定施工配合比的基础上进行现场铣拌,并取样、试验。试验应符合下列规定：

(1) 通过上、中、下部位试样含水率的测定,确定施工过程中添加水量范围；

(2) 通过上、中、下部位试样灰剂量的测定,验证铣拌的均匀性及结合料含量；

(3) 通过上、中、下部位试样筛分试验验证级配、铣拌的均匀性；

(4) 根据铣拌深度、铣拌均匀性的检测,确定设备铣拌厚度、铣拌鼓转速、铣拌速率；

(5) 通过击实试验,确定结合料剂量变化、含水率变化对混合料最大干密度的影响；

(6) 通过抗压强度试验,确定材料的实际强度水平与拌和工艺的变异水平。

7 机械设备

7.1 机械设备配置

7.1.1 根据工程量、路面宽度、工期等条件选择单机组作业或多机组平行作业。

7.1.2 单机组作业时,每组配置铣拌设备 1 台、水车 2 台、结合料撒布(添加)设备 1 台、平地机或摊铺箱 1 台、单钢轮振动压路机 1 台、双钢轮振动压路机 1 台、胶轮压路机 1 台。

7.1.3 集料运输车辆、结合料运输车辆、洒水车数量应与铣拌设备产量相匹配。

7.2 机械性能要求

7.2.1 集料掺配机

7.2.1.1 集料掺配机应不少于 4 个料仓，生产率大于 500 t/h，并与实际铣拌能力相匹配。

7.2.1.2 配料控制精度为 ±1%。

7.2.2 集料撒布设备

撒布宽度可调，撒布速度 2.5 km/h ~ 5 km/h，撒布量不小于 150 kg/m^2。

7.2.3 整平设备

7.2.3.1 整平设备可采用平地机或摊铺箱。

7.2.3.2 整平设备宽度应与铣拌设备铣拌宽度、路面宽度相匹配。

7.2.3.3 宜选用自行式且具有自动找平功能的平地机。

7.2.3.4 铣拌设备拖挂摊铺箱整平时，宽度应与铣拌设备同宽；路面全幅整平时，摊铺箱宽度与路面宽度同宽，可选择多机组平行摊铺整平。

7.2.4 粉料撒布车

粉料撒布车应配置粉料除尘器和抹平装置，撒布量智能控制，粉料箱容积不小于 20 m^3，撒布量为 2 kg/m^2 ~ 60 kg/m^2，撒布精度为 ±0.5%，撒布宽度可调。

7.2.5 水泥稀浆车

粉料箱容积不小于 20 m^3，水箱容积不小于 10 m^3，浆液泵送精度 ±1%。

7.2.6 铣拌设备

7.2.6.1 铣拌工作速率应为 0 m/min ~ 20 m/min。

7.2.6.2 驱动能力应满足全厚度无机结合料稳定材料铣拌要求，发动机功率不小于 500 kW。

7.2.6.3 铣拌仓应为中置式，将整机质量分配到铣拌鼓上，自重不小于 30 t。

7.2.6.4 最大铣拌深度大于 50 cm，铣削深度可精确控制，误差不超过 5 mm，转子高度可根据铣拌厚度调整。

7.2.6.5 铣拌刀头应呈螺旋形布置，采用下切式铣拌，铣拌转速可根据行进速率、材料类型、铣拌厚度调整。

7.2.6.6 铣拌设备应具备蟹形转向及自动找平功能，无转弯半径限制，保证纵向搭接部位不漏拌。

7.2.6.7 铣拌用水、水泥浆流量智能控制，喷嘴在工作宽度范围内均匀分布，分布密度满足铣拌需求，各喷嘴可独立启闭。喷洒精度为 ±1%，流量计与铣拌深度、行进速率、材料密度等智能联动。

7.2.6.8 采用干粉结合料时，应在铣拌设备前后端安装干粉稳定装置。

7.2.6.9 铣拌仓料门开度可控，指示清晰，多机联合作业时，料门开度应保持一致。铣拌仓容积可根据料门开度调节或调整铣拌鼓与铣拌仓距离进行调节。

7.2.7 碾压设备

7.2.7.1 振动压路机的压实能力应满足压实厚度要求，厚度小于 25 cm 时，单机组作业面应配置 1 ~ 2 台 20 t 以上的单钢轮振动压路机；厚度大于 25 cm 时单机组作业面应配置 1 ~ 2 台 26 t 以上的单钢轮振动压路机。振动压路机应实现全液压控制,速率 0 km/h ~ 12 km/h 无级变速,激振力、振频和振幅可调。

7.2.7.2 单机组作业面应配置胶轮压路机 1 台,自重应不小于 26 t,速率 0 km/h ~ 20 km/h 无级变速,全液压控制。

7.2.7.3 单机组作业面应配置双钢轮压路机 1 台,自重应不小于 12 t,速率 0 km/h ~ 12 km/h 无级变速,激振力、振频和振幅可调,全液压控制。

8 施工

8.1 一般规定

8.1.1 无机结合料稳定材料层施工时应注意天气变化,日最低气温应在 5 ℃以上,不得在雨天施工,不得在风力大于 5 级、风速大于 8 m/s 时施工。

8.1.2 夏季高温作业时,水泥储存罐及粉料撒布车内水泥储存温度不应高于 50 ℃。

8.1.3 改扩建公路半刚性基层、底基层无法完全封闭交通,需边通车边施工时,应做好交通疏导,在施工路幅和通车路幅间采取隔离措施。

8.1.4 施工前,应铺筑 200 m ~ 300 m 试验段,验证施工配合比及相关施工作业参数。

8.1.5 根据设备控制精度和施工变异性,实际施工采用的结合料剂量可增加 0% ~ 0.5%。

8.1.6 施工时根据设计厚度及混合料松铺系数合理设置铣拌深度,铣拌深度误差不应超过 10 mm,铣拌时应侵入下承层 3 mm ~ 5 mm。

8.1.7 铣拌刀头的高度应保持一致,高差超过 4 mm 时应一次性更换高度一致的铣拌刀头。铣拌时应根据刀头磨损程度调整铣拌深度。

8.2 施工准备

8.2.1 下承层准备

8.2.1.1 新建基层下承层验收合格,表面应平整、坚实。布料前应洒水湿润,车辆荷载对下承层的几何、力学指标有影响时,应及时修复并复检合格。

8.2.1.2 改扩建公路利用部分结构层再生基层,原路面结构强度应良好,对原路的翻浆、沉陷等病害应处理到土基,再添加新集料施工。

8.2.1.3 施工前在下承层或旧路面上测量放线,恢复中线,直线段每 15 m ~ 20 m 设一桩,平曲线段每 10 m ~ 15 m 设一桩,在两侧设置边线指示桩,标记出稳定材料层边缘的松铺高程。

8.2.2 设备标定

施工前应对铣拌设备、粉料撒布设备、集料掺配机、集料撒布设备进行标定,标定方法见附录 C ~ 附录 F。

8.2.3 施工参数确定

8.2.3.1 松铺厚度

按每档材料的堆积密度、掺配比例计算松铺厚度,或按掺配混合料的堆积密度计算松铺厚度。采用层铺法布料时,按配合比及每档材料的堆积密度计算松铺厚度。预掺配混合料布料时,按配合比及混合料堆积密度计算松铺厚度。施工时通过试验段验证确定松铺厚度。松铺厚度按式(6)计算。

$$H_i = \frac{\rho_{\mathrm{dmax}} \times \left(1 - \frac{C_i}{M_i}\right) \times P_i \times H_s}{\rho} \tag{6}$$

式中：

H_i——松铺厚度(cm)；

ρ_{dmax}——最大干密度(g/cm^3)；

C_i——结合料占混合料总质量的百分率(%)；

M_i——各种集料占混合料总质量的百分率(%)；

P_i——集料中各档料的掺配比例(%)；

H_s——设计厚度(cm)；

ρ——集料的堆积密度(g/cm^3)。

8.2.3.2 布料方式选择

8.2.3.2.1 层铺法布料

集料规格不大于3档时，可采用层铺法布料。分层布料以容积计量时，每层布料的厚度按高程控制，精度控制在±3 mm以内，累积误差不大于10 mm。以质量计量时，撒布精度控制在±5 kg/m^{2}以内。

8.2.3.2.2 级配集料布料

集料规格大于3档时，应在料场或材料产地采用掺配机掺配后布料。以容积计量时，应以高程为准控制布料松铺厚度，精度控制在±10 mm以内。以质量计量时，撒布精度控制在1%以内。

8.2.3.3 铣拌设备参数确定

施工前确定铣拌鼓转速、铣拌速率，确定铣拌仓预布材料数量。

注：对铣拌设备拌和深度标尺、实际铣拌深度参数检查，确保全厚度铣拌。根据材料性质选择拌和转子转速、铣拌设备行进速率，调整铣拌仓前后料门开度，保证铣拌仓材料充盈率。

8.3 布料整平

8.3.1 根据稳定材料层宽度、施工机械配置、运输车辆的效率和数量、操作人员的熟练程度、水泥初凝时间等因素，确定每个作业段长度，应保持连续施工。

8.3.2 集料在料场集中掺配或为天然级配集料时，根据最大干密度、集料的含水率、稳定材料层宽度、松铺厚度，采用自卸车配合集料撒布设备进行布料或采用平地机配合自卸车将级配集料整平。

8.3.3 当采用集料撒布设备分层布料时，应符合如下规定：

(1) 根据各档材料的天然含水率、掺配比例计算单位面积材料用量，采用自卸车配合集料撒布设备或平地机分层布料，撒布完成后，用钢轮压路机静压1遍；

(2) 撒布时应先撒布粗集料，后撒布细集料，由粗到细分层撒布。

8.3.4 当被稳定材料为细粒土时，采用平地机配合自卸车布料，然后用钢轮压路机静压1遍。

8.3.5 根据稳定材料层设计厚度、最大干密度、结合料剂量计算每平方米结合料用量，在粉料撒布车电脑操作界面设定粉料撒布量进行撒布。粉料撒布车行进速率宜为2 km/h～2.5 km/h。每车粉料撒布完后，校对撒布量。粉料撒布车与铣拌设备机组间距离宜控制在20 m～60 m。

8.3.6 采用稀浆车添加结合料时，应确定水泥浆配合比，根据稳定材料层的厚度、最大干密度、最佳含水率及结合料剂量，计算每平方米浆液添加量，设定浆液供应量。

8.4 现场拌和

8.4.1 在施工起点处将施工所需机具依次首尾连接，用推拉杆将水车(水泥稀浆车)与铣拌设备连接，施工设备包括：铣拌机、水罐车(水泥稀浆车)、平地机(摊铺箱)、压路机。根据配合比设计用量校准铣拌设备操作界面每平方米拌和用水或浆液量。

8.4.2　新建基层施工时，按照被稳定材料虚铺厚度设置铣拌深度、转速、铣拌仓容积，铣拌设备应匀速、连续地进行铣拌作业，不得随意变速或中途停顿，铣拌设备工作速率、转子转速以试验段测定为准，铣拌时工作速率为 4 m/min ~ 14 m/min，转子转速为 100 r/min ~ 200 r/min，铣拌深度与行走速率、铣拌鼓转速参考表 20 选取。

表 20　铣拌设备铣拌深度、行走速率与铣拌鼓转速关系表

序　　号	厚度(cm)	铣拌速率(m/min)	铣拌转速(r/min)
1	15	8 ~ 14	180 ~ 200
2	18	8 ~ 14	150 ~ 180
3	20	6 ~ 11	125 ~ 150
4	25	6 ~ 10	115 ~ 125
5	30	6 ~ 10	100 ~ 115

8.4.3　改扩建基层施工时，按新添加集料和旧路材料厚度计算铣拌深度，设置铣拌深度、转速、铣拌仓容积进行铣拌，铣拌设备缓慢匀速、连续地进行铣拌作业，不得随意变速或者中途停顿，铣拌设备工作速率、转子转速以试验段测定为准，铣拌时工作速率宜为 2 m/min ~ 6 m/min，转子转速宜为 100 r/min ~ 200 r/min，铣拌深度按式(7)计算确定。

$$H = H_0 + (H_s - H_0) \times \mu \tag{7}$$

式中：

H——铣拌深度(cm)；

H_0——利用原路面结构层厚度(cm)；

H_s——设计基层厚度(cm)；

μ——松铺系数。

8.4.4　改扩建基层旧结构层与新掺集料铣拌时，每转切削量控制在 15 mm ~ 30 mm。切削量应按式(8)计算确定。

$$\Delta H = \frac{V \times 1000}{n} \tag{8}$$

式中：

ΔH——切削量(mm)；

V——铣拌设备工作速率(m/min)；

n——铣拌鼓转速(r/min)。

8.4.5　为使铣拌层与下承层接合良好，铣拌时略侵入下承层。

8.4.6　采用干粉施工时，铣拌设备应安装粉料稳定装置喷洒稳定介质，数量以粉料不被推动为准，防止粉料结团，喷洒宽度与铣拌宽度联动控制。

8.4.7　为保证拌和均匀，拌和材料在仓内应有一定压力和流动性；铣拌仓充盈率应大于 1/2，仓容积应为每转铣削量的 30 ~ 50 倍；转子外径与铣拌仓内壁间距应为 10 cm ~ 15 cm；铣拌仓前后料门开度适宜，保证材料在仓内的充盈量及混合料的松铺厚度。

8.4.8　铣拌仓内材料填充量应满足如下要求：

(1)　首次施工时，在施工桩号前 1.2 m ~ 2.0 m 范围内预布材料；

(2)　工序搭接时，上一班仓内卸料作为下一班搅拌仓内的填充料；

(3)　每班施工搭接处在已完工基层 1.2 m ~ 2.0 m 范围内预布材料；

(4)　铣拌仓工作容积按式(9)计算。

$$V_G = \left(\frac{\pi R^2}{2} + 2Rr - \pi r^2\right) \times b \tag{9}$$

式中：

V_G——铣拌仓工作容积(m^3);

R——铣拌仓半径(m);

r——铣拌鼓半径(m);

b——铣拌仓下缘宽度(m)。

8.4.9 每班应完成施工段落的全宽度拌和任务,确保纵向接缝处混合料均匀性、强度满足设计要求。

8.4.10 单机组作业或多机组非全宽作业时,前序铣拌完成后,立即进行下序施工,每段落施工距离不宜大于100 m,应在水泥初凝前完成碾压。

8.4.11 多台机组全宽梯队式作业时,机组间距离应为10 m～30 m。

8.4.12 随时检查松铺厚度,及时调整铣拌深度。

8.4.13 施工过程中应检测结合料剂量和含水率。

8.4.14 相邻两次铣拌纵向应搭接5 cm～15 cm,横向应搭接50 cm～80 cm。应避免搭接部位含水率过大。

8.4.15 混合料铣拌后应色泽一致,无明显粗细集料离析现象;对于稳定细粒土,铣拌后应无灰条、灰团。

8.5 混合料整平

8.5.1 使用平地机进行作业时,应符合下列规定:

(1) 基层铣拌完成后,初压1～2遍;

(2) 初压后,用平地机初平1遍,在直线段,由两侧向路中心刮平;在平曲线段,由内侧向外侧刮平;

(3) 整平时,平地机作业产生的离析应及时处理;

(4) 整平作业应紧跟铣拌机组,每次整平段落宜为25 m～50 m,避免表面材料失水;

(5) 失水部位应及时补洒水,防止水稳材料出现不连续、夹层现象。

8.5.2 用摊铺箱整平时应符合下列规定:

(1) 摊铺机整平应在路面全宽铣拌完成后作业,需配置装载机械及人工倒运材料,摊铺机应具有自动找平功能;

(2) 铣拌设备拖挂摊铺整平,摊铺箱应设纵坡找平仪。

8.6 压实

8.6.1 按照试验段确定的工艺进行碾压,确保压实度、平整度符合JTG F80/1及本文件9.4、9.5的要求。

8.6.2 混合料现场铣拌、整平、碾压采用流水作业,使各工序应紧密衔接,确保在水泥初凝前完成碾压。碾压分为初压、复压和终压。

8.6.3 推荐采用表21的方案碾压,每遍重叠1/2轮宽,并通过试验路段最终确定碾压程序及碾压遍数。

表21 碾压方案

阶段	压路机类型及组合	工艺要求	碾压速度(km/h)	遍数
初压	12 t以上双钢轮压路机或26 t以上胶轮压路机	整平路段及时由低到高碾压,双钢轮压路机前进静压,后退振压;胶轮压路机静压	1.5～1.7	不少于1遍
复压	20 t以上单钢轮振动压路机	先弱振1～2遍,再强振2～3遍,最后弱振1遍	1.8～2.2	不少于4遍
终压	12 t以上双钢轮压路机或26 t以上胶轮压路机或与组合	以弥补表面微裂纹、松散及消除轮迹为停压标准	2.0～3.5	不少于2遍

8.6.4 碾压过程中,如出现“弹簧、松散”现象时,应及时将该路段混合料挖除,重新换填新料碾压。

8.6.5 压路机不应在已经完成或正在碾压的路段上调头或紧急制动,以保证无机结合料稳定材料层表面不受破坏。碾压过程中,无机结合料稳定材料层表面应始终保持湿润,如水分蒸发过快,应及时补洒少量水,不得大量洒水碾压。

8.6.6 对于水泥稳定类材料,经过铣拌、整形后的混合料,应在水泥初凝前、试验确定的延迟时间内完成碾压,达到要求的压实度,没有明显轮迹,对其他结合料稳定类材料,应尽快碾压成型。

8.6.7 碾压完成后应快速测定压实度。

8.7 接缝处理

8.7.1 纵向接缝

8.7.1.1 道路宽度小于 7 m,应全幅施工,以提高施工效率;道路宽度大于 7 m 时可采用分幅施工,严格控制路面横坡度。

8.7.1.2 相邻两次铣拌纵向搭接宽度应为 5 cm ~ 15 cm。严格控制接缝处的厚度及平整度,不应错台。

8.7.2 横向接缝

8.7.2.1 施工应保持连续作业,减少横向接缝。

8.7.2.2 压路机在接缝处由已铺筑段落向新铺段落往返碾压,横向碾压完成后再进行纵向碾压。

8.7.2.3 水泥稳定类材料,超过水泥初凝时间的横接缝应在已完路段 50 cm ~ 80 cm 添加结合料重新铣拌。

8.8 养生、交通管制

养生、交通管制按 JTG/T F20—2015 执行。

9 施工质量检验与控制

9.1 一般规定

9.1.1 施工过程中的材料质量控制和检查项目、频率应符合 JTG/T F20—2015 规定。

9.1.2 稳定粒料基层和底基层应符合下列基本要求:

(1) 应选择质坚干净的粒料,石灰应充分消解,矿渣应分解稳定;

(2) 铣拌时应侵入下承层 3 mm ~ 5 mm;

(3) 石灰类材料应在处于最佳含水率状态下进行碾压,水泥类材料碾压终了时间不应超过水泥的终凝时间;

(4) 碾压检查合格后立即覆盖薄膜或洒水养护,养护期应符合 JTG/T F20 的要求。

9.1.3 稳定土基层和底基层应符合下列基本要求:

(1) 石灰应充分消解,铣拌时应侵入下承层 3 mm ~ 5 mm;

(2) 石灰类材料应处于最佳含水率状态下碾压,水泥类材料碾压终了时间不应超过水泥的终凝时间;

(3) 碾压检查合格后立即覆盖薄膜或洒水养护,养护期应符合 JTG/T F20—2015 的要求。

9.2 施工过程检测

9.2.1 施工过程中的质量控制应包括外形尺寸检查及内在质量检验两部分。

9.2.2 施工过程中的外形尺寸检查项目、频率和质量标准应符合表 22 的规定。

表 22　施工过程中的外形尺寸检查项目、频率和质量标准

工程类别	项目		频率	质量标准
基层	纵断高程(mm)		每 20 m 测 1 点	+5 ~ −15
	厚度(mm)	均值	每 1500 m^2 ~2000 m^2 测 6 点	≥ −10
		单个值		≥ −20
	宽度(mm)		每 40 m 测 1 处	满足设计要求
	横坡度(%)		每 100 m 测 3 处	±0.5
	平整度(mm)		每 200 m 测 2 处,每处连续 5 尺	≤12
底基层	纵断高程(mm)		每 20 m 测 1 点	+5 ~ −20
	厚度(mm)	均值	每 1500 m^2 ~2000 m^2 测 6 点	≥ −12
		单个值		≥ −30
	宽度(mm)		每 40 m 测 1 处	满足设计要求
	横坡度(%)		每 100 m 测 3 处	±0.5
	平整度(mm)		每 200 m 测 2 处,每处连续 5 尺	≤15

9.2.3　施工过程内在质量控制项目、质量要求、频率应满足表 23 的要求。

表 23　施工过程的内在质量控制项目、质量要求、频率

项次	项目	内容	质量要求	频率
1	铣拌、整平、碾压	是否离析	无明显离析现象	随时
		松铺、铣拌厚度	不小于试验段确定的厚度	每 1500 m^2 ~2000 m^2 测 6 点
		碾压组合、次数是否合理	不低于试验段确定的碾压工艺	随时
2	混合料均匀性检测	混合料级配	符合本文件级配范围要求	每 2000 m^2 测 1 次,随机在铣拌层的 1 个断面左、中、右侧的上、下部位取样做筛分试验
		结合料剂量	设计值 −0.5%，+1% 上、中、下部位偏差 <1%	每 2000 m^2 测 1 次,随机在铣拌层的 1 个断面左、中、右侧的上、中、下部位取样做结合料剂量试验
		含水率	不超过最佳含水率 ±1% 上下部位含水率偏差 ±1%	每 2000 m^2 测 1 次,取样测定上、下部位含水率
3	压实度检测	含水率	—	每 200 m 测不少于 2 点
		压实度	稳定粒料 基层≥97% 底基层≥96% 稳定土 基层≥95% 底基层≥93%	每 200 m 测不少于 2 点,厚度大于 20 cm 时应采用大灌砂筒全厚度检测压实度
4	强度检测	现场取样 室内成型试件	强度代表值满足设计要求	每 2000 m^2 或每工作班测不少于 1 组
注:上述压实度、强度检查频率为双车道路段最低检查频率,对多车道应按车道数与双车道之比相应增加检查数量。				

9.3　结构层芯样完整性检测

9.3.1　无机结合料稳定材料应在下列规定的龄期内取芯:

(1)　用于基层的水泥稳定中、粗粒材料,龄期 7 d;

(2) 用于基层的水泥粉煤灰稳定的中、粗粒材料,龄期 10 d ~ 14 d;

(3) 用于底基层的水泥稳定材料、水泥粉煤灰稳定材料,龄期 10 d ~ 14 d;

(4) 用于基层的石灰粉煤灰稳定材料,龄期 14 d ~ 20 d;

(5) 用于底基层的石灰粉煤灰稳定材料,龄期 20 d ~ 28 d。

9.3.2 设计强度大于 3 MPa 的水泥稳定材料的完整芯样应切割成标准试件,检测强度,并应符合下列规定:

(1) 标准试件的径高比应为 1∶1;

(2) 记录实际养生龄期;

(3) 实测强度应符合设计要求;

(4) 同一批次强度试验的变异系数应不大于 15%;

(5) 样本量不少于 9 个。

9.4 稳定粒料基层和底基层分项工程质量检验控制

9.4.1 稳定粒料基层和底基层实测项目应符合表 24 的规定。

表 24 稳定粒料基层和底基层实测项目

<table>
<tr><th rowspan="2">项次</th><th rowspan="2" colspan="2">检 测 项 目</th><th colspan="2">规定值或允许偏差</th><th rowspan="2">检测方法和频率</th></tr>
<tr><th>基层</th><th>底基层</th></tr>
<tr><td rowspan="2">1△</td><td rowspan="2">压实度(%)</td><td>代表值</td><td>≥97</td><td>≥95</td><td rowspan="2">按 JTG F80/1—2017 附录 B 要求,每 200 m 测 2 点,厚度大于 20 cm 时应采用大灌砂筒全厚度检测压实度</td></tr>
<tr><td>极值</td><td>≥93</td><td>≥91</td></tr>
<tr><td>2</td><td colspan="2">平整度(mm)</td><td>≤12</td><td>≤15</td><td>3m 直尺:每 200 m 测 2 处 ×5 尺</td></tr>
<tr><td>3</td><td colspan="2">纵断高程(mm)</td><td>+5, -15</td><td>+5, -20</td><td>水准仪:每 200 m 测 2 个断面</td></tr>
<tr><td>4</td><td colspan="2">宽度(mm)</td><td colspan="2">满足设计要求</td><td>尺量:每 200 m 测 4 点</td></tr>
<tr><td rowspan="2">5△</td><td rowspan="2">厚度(mm)</td><td>代表值</td><td>-10</td><td>-12</td><td rowspan="2">按 JTG F80/1—2017 附录 H 检查,每 200 m 测 2 点</td></tr>
<tr><td>合格值</td><td>-20</td><td>-30</td></tr>
<tr><td>6</td><td colspan="2">横坡(%)</td><td>±0.5</td><td>±0.5</td><td>水准仪:每 200 m 测 2 个断面</td></tr>
<tr><td>7△</td><td colspan="2">强度(MPa)</td><td>代表值
符合设计要求</td><td>代表值
符合设计要求</td><td>按 JTG F80/1—2017 附录 G 要求检测</td></tr>
<tr><td>8 *</td><td colspan="2">结合料均匀性(%)</td><td colspan="2">±1</td><td>检查施工记录,每 2000 m² 查 1 次,在铣拌层不同断面左、中、右侧的上、中、下部位分别取样做水泥或石灰剂量</td></tr>
<tr><td>9 *</td><td colspan="2">级配检测(%)</td><td colspan="2">符合设计及施工
技术规范级配范围要求</td><td>检查施工记录,每 2000 m² 查 1 次,在铣拌层不同断面左、中、右侧的上、下部位取样做筛分试验与配合比设计级配比较</td></tr>
<tr><td>10 *</td><td colspan="2">含水率试验(%)</td><td colspan="2">不超过最佳含水率 ±1
上下部位含水率偏差 ±1</td><td>检查施工记录,每 2000 m² 查 1 次,取样测定上、下部位含水率</td></tr>
<tr><td colspan="6">注:项次中标注“*”的项次为本文件增加检测项,标注“△”的项次为关键检测项。</td></tr>
</table>

9.4.2 稳定粒料基层和底基层表面应无松散、无明显离析、无坑洼、无碾压轮迹。

9.5 稳定土基层和底基层分项工程质量检验控制

9.5.1 稳定土基层和底基层实测项目应符合表 25 的规定。

表 25　稳定土基层和底基层实测项目

<table>
<tr><th rowspan="2">项次</th><th rowspan="2" colspan="2">检 测 项 目</th><th colspan="2">规定值或允许偏差</th><th rowspan="2">检测方法和频率</th></tr>
<tr><th>基层</th><th>底基层</th></tr>
<tr><td rowspan="2">1△</td><td rowspan="2">压实度(%)</td><td>代表值</td><td>≥95</td><td>≥93</td><td rowspan="2">按 JTG F80/1—2017 附录 B 要求每 200 m 测 2 点,厚度大于 20 cm 时应采用大灌砂筒全厚度检测压实度</td></tr>
<tr><td>极值</td><td>≥91</td><td>≥89</td></tr>
<tr><td>2</td><td colspan="2">平整度(mm)</td><td>≤12</td><td>≤15</td><td>3 m 直尺:每 200 m 测 2 处 ×5 尺</td></tr>
<tr><td>3</td><td colspan="2">纵断高程(mm)</td><td>+5,-15</td><td>+5,-20</td><td>水准仪:每 200 m 测 2 个断面</td></tr>
<tr><td>4</td><td colspan="2">宽度(mm)</td><td>满足设计要求</td><td>满足设计要求</td><td>尺量:每 200 m 测 4 点</td></tr>
<tr><td rowspan="2">5△</td><td rowspan="2">厚度(mm)</td><td>代表值</td><td>-10</td><td>-12</td><td rowspan="2">按 JTG F80/1—2017 附录 H 要求每 200 m 测 2 点</td></tr>
<tr><td>合格值</td><td>-20</td><td>-30</td></tr>
<tr><td>6</td><td colspan="2">横坡(%)</td><td>±0.5</td><td>±0.5</td><td>水准仪:每 200 m 测 2 个断面</td></tr>
<tr><td>7△</td><td colspan="2">强度(MPa)</td><td>符合设计要求</td><td>符合设计要求</td><td>按 JTG F80/1—2017 附录 G 要求检测</td></tr>
<tr><td>8*</td><td colspan="2">结合料均匀性(%)</td><td colspan="2">±1</td><td>检查施工记录,每 2000 m² 查 1 次,在铣拌层不同断面左、中、右侧的上、中、下部位分别取样做水泥或石灰剂量</td></tr>
<tr><td>9*</td><td colspan="2">含水率试验(%)</td><td colspan="2">不超过最佳含水率 ±2
上下部位含水率偏差 ±2</td><td>检查施工记录,每 2000 m² 查 1 次,取样测定上、下部位含水率</td></tr>
<tr><td colspan="6">注:项次中标注“*”的项次为本文件增加的检测项,标注“△”的项次为关键检测项。</td></tr>
</table>

9.5.2　稳定土基层和底基层表面应无松散、无坑洼、无碾压轮迹。

附 录 A
(资料性)
半刚性基层、底基层全厚度现场拌和施工流程

A.1 半刚性基层、底基层全厚度现场拌和施工流程见图 A.1。

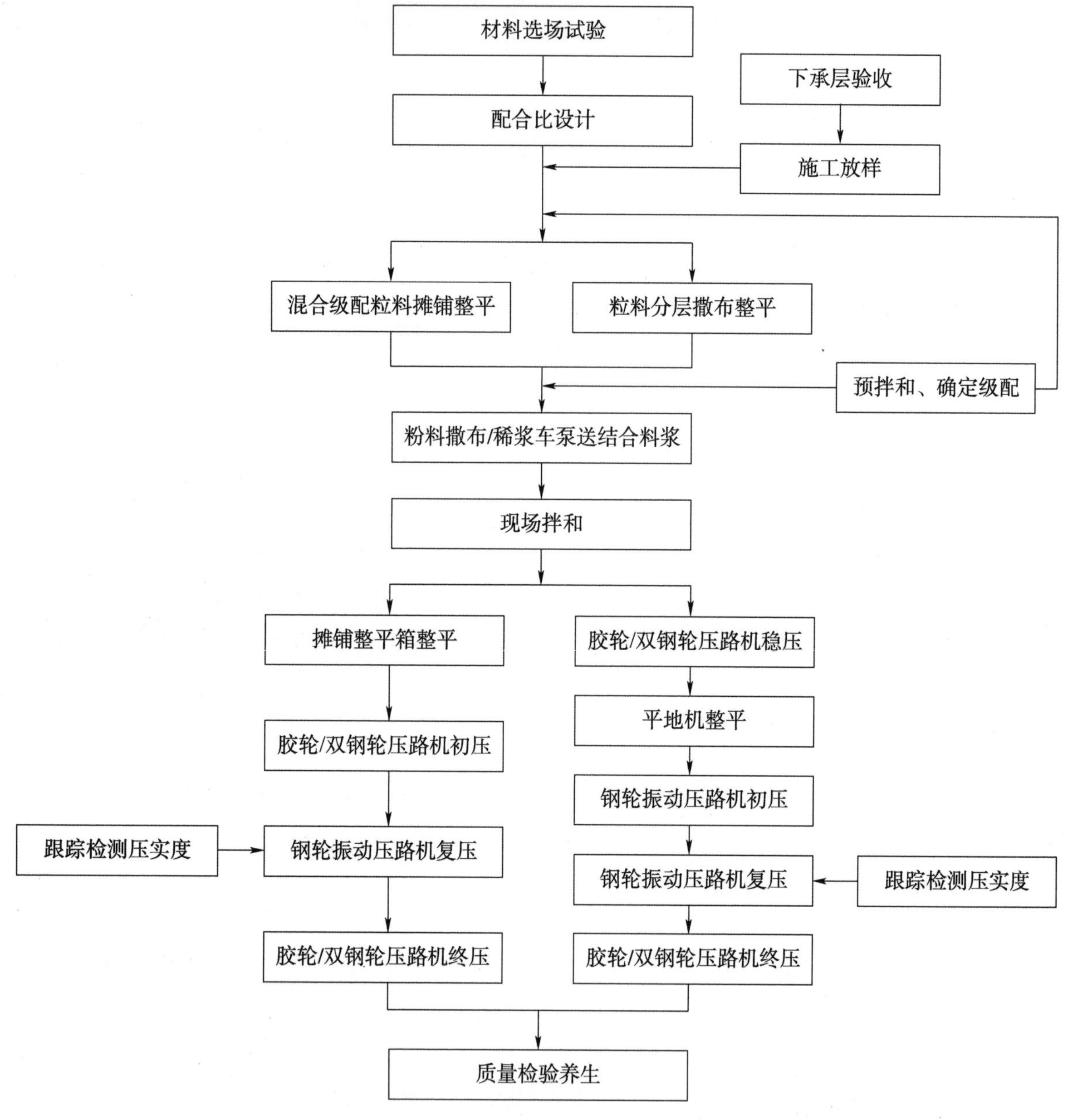

图 A.1 半刚性基层、底基层全厚度现场拌和施工流程

附 录 B
(资料性)
配合比设计流程图

B.1 配合比设计流程图见图 B.1。

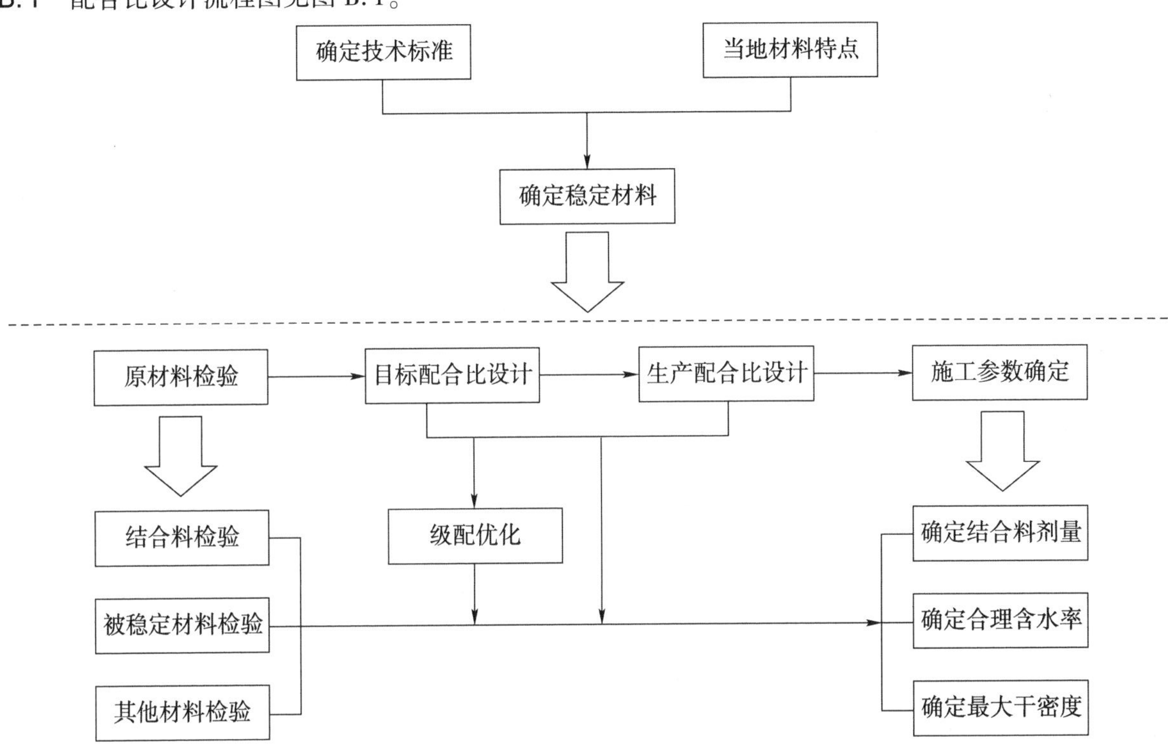

图 B.1 配合比设计流程图

附 录 C
(规范性)
铣拌设备标定

C.1 铣拌深度指示标尺标定

C.1.1 铣拌设备停置于水平面上,测量水平面与轮轴中心距 h_1。

C.1.2 将铣拌鼓浮动放置于水平面,读取铣拌深度指示标尺读数,并将深度标尺调整到“0”位,测量水平面与轮轴中心距 h_2。

C.1.3 按式(C.1)计算胎压修正值 h_a。

$$h_a = h_2 - h_1 \tag{C.1}$$

式中:

h_a——胎压修正值(mm);

h_2——轮胎承受铣拌鼓压力时,水平面与轮轴的中心距(mm);

h_1——轮胎不承受铣拌鼓压力时,水平面与轮轴的中心距(mm)。

C.1.4 将铣拌鼓提升至拌和厚度数值 h(铣拌刀头与水平面垂直距离),此时标尺指示数值为“$h - h_a$”;否则调整标尺传动机构,直至满足要求为准。

C.1.5 安装电子测距仪的设备,修正电子测距仪的实际距离与显示数值。

C.2 料门开度指示标尺标定

C.2.1 铣拌设备停置于水平面上。

C.2.2 将料门下缘置于水平面上,调整料门指示标尺读数为“0”。

C.2.3 打开料门,测量料门与水平面的距离,料门指示刻度与测量距离应一致;否则调整料门指示标尺,使料门指示刻度与测量距离一致。

C.3 拌和仓容积计算

C.3.1 铣拌设备停置于水平面上。

C.3.2 将铣拌鼓前后料门、左右侧门放置于水平面上。

C.3.3 分别量取铣拌仓直径、铣拌鼓直径、铣拌仓下缘宽度、铣拌鼓宽度。

C.3.4 按式(C.2)计算铣拌仓容积。

$$V = \left[\frac{\pi}{2}(R^2 - 2r^2) + br\right] \times B \tag{C.2}$$

式中:

V——铣拌仓容积(m^3);

R——铣拌仓直径(m);

r——铣拌鼓直径(m);

b——铣拌仓下缘宽度(m);

B——铣拌鼓宽度(m)。

C.4 流量计标定

C.4.1 根据最佳含水率或水泥浆要求,计算每平方米水或水泥浆用量,在操作界面设置最佳用量的 ±1% 两档值,进行标定。

C.4.2　流量计分别设置于最佳用量的 ±1%，将流量计出口管道置于接收容器内，称取铣拌设备行走 L m 时的供水（供浆）量 M。

C.4.3　按式（C.3）计算每平方米供水（供浆）量。

$$Q = \frac{M}{L \times B} \tag{C.3}$$

式中：

Q——每平方米供水（供浆）量（kg/m^2）；

M——实测行走 L m 时的供水（供浆）量（kg）；

L——铣拌设备行走距离（m）；

B——铣拌鼓宽度（m）。

C.4.4　重复上述步骤测试 3 次，取 3 次测试结果的平均值为测定结果。

C.4.5　将实测流量的平均值与设定值进行比较，当偏差大于 0.5% 时应根据测试结果对设定值进行修正。

C.5　铣拌速率标定

C.5.1　设定铣拌速率，铣拌设备按实际工况工作。

C.5.2　铣拌设备前进 1 m 后标注起点位置并计时，2 min 后标记终点位置，测量起点与终点距离 L，按式（C.4）计算铣拌速率。

$$V = \frac{L}{t} \tag{C.4}$$

式中：

V——铣拌速率（m/min）；

L——实测 2 min 铣拌设备行走距离（m）；

t——铣拌设备行走时间（min），宜为 2 min。

C.5.3　重复上述步骤测试 3 次，取 3 次测试结果的平均值为铣拌速率测定结果。

C.5.4　将实测铣拌速率的平均值与设定值进行比较，当偏差大于 0.5% 时应根据测试结果对设定值进行修正。

附　录　D
(规范性)
干粉撒布车标定

D.1　设定撒布量,选择行驶速率。

D.2　称取 2 m^2 大的塑料布或铁皮槽质量 M_1,精确至 0.005 kg。

D.3　距撒布车 5 m 前放置不小于 2 m^2 的正方形塑料布或铁皮槽。

D.4　撒布后称取塑料布与粉料或铁皮槽与粉料的质量 M_2。

D.5　按式(D.1)计算实测每平方米粉料撒布量。

$$Q_f = \frac{M_2 - M_1}{S} \tag{D.1}$$

式中:

Q_f——实测粉料撒布量(kg/m^2);

M_2——撒布后称取塑料布与粉料或铁皮槽与粉料的质量(kg);

M_1——塑料布或铁皮槽质量(kg);

S——塑料布或铁皮槽面积(m^2)。

D.6　重复上述步骤测试 3 次,取 3 次测试结果的平均值为粉料撒布车撒布量测定结果。

D.7　实测撒布量的平均值与设定值进行比较,当偏差大于 0.5% 时应根据测试结果对设定值进行修正。

附 录 E
（规范性）
集料掺配机标定

E.1 将掺配机料门开度按配合比设计的掺配比例进行初设定。

E.2 测定电机在低速和高速旋转时单位时间材料输出量。

E.3 按式(E.1)计算材料输出量所需电机转速。

$$n = \frac{n_h - n_l}{Q_{h-Q_l}} \times Q \tag{E.1}$$

式中：

n——材料输出量所需电机转速(r/min)；

n_h——电机高速运转时的转速(r/min)；

n_l——电机低速运转时的转速(r/min)；

Q_h——电机高速运转时单位时间材料输出量(kg/h)；

Q_l——电机低速运转时单位时间材料输出量(kg/h)；

Q——实际单位时间材料输出量(kg/h)。

E.4 重复上述步骤测试 3 次，取 3 次测试结果的平均值为材料输出量所需电机转速。

附　录　F

（规范性）

集料撒布设备标定

F.1　称量自卸汽车中的集料净质量 G_1。

F.2　设定集料撒布机最小撒布量料门开度 h_{min}，进行集料撒布。

F.3　称取在最小撒布量料门开度状态下撒布后自卸汽车剩余集料质量 G_2。

F.4　测量撒布面积 S_1，按式（F.1）计算最小料门开度时每平方米撒布量 Q_1。

$$Q_1 = \frac{G_1 - G_2}{S_1} \tag{F.1}$$

式中：

Q_1——最小料门开度时每平方米撒布量（kg/m²）；

G_1——撒布前自卸汽车中的集料净质量（kg）；

G_2——撒布后自卸汽车中剩余的集料质量（kg）；

S_1——撒布面积（m²）。

F.5　称量自卸汽车中的集料净质量 G_3。

F.6　设定集料撒布机最大撒布量料门开度 h_{max}，进行集料撒布。

F.7　称取在最大撒布量料门开度状态下撒布后自卸汽车剩余集料质量 G_4。

F.8　测量撒布面积 S_2，按式（F.2）计算最大料门开度时每平方米撒布量 Q_2。

$$Q_2 = \frac{G_3 - G_4}{S_2} \tag{F.2}$$

式中：

Q_2——最大料门开度时每平方米撒布量（kg/m²）；

G_3——撒布前自卸汽车中的集料净质量（kg）；

G_4——撒布后自卸汽车中剩余的集料质量（kg）；

S_2——撒布面积（m²）。

F.9　计算按配合比设计掺配比例撒布量时料门开度 h，并进行修正。

F.10　按式（F.3）计算配合比设计掺配比例撒布量料门开度 h。

$$h = \frac{h_{max} - h_{min}}{Q_2 - Q_1} \times Q \tag{F.3}$$

式中：

h——配合比设计掺配比例撒布量料门开度（cm）；

h_{max}——最大撒布量料门开度（cm）；

h_{min}——最小撒布量料门开度（cm）；

Q——配合比设计掺配比例撒布量（kg/m²）。